www.ingramcontent.com/pod-product-compliance
Lightning Source LLC
Chambersburg PA
CBHW070654220526
45466CB00001B/428
* 9 7 8 1 6 5 3 9 6 3 5 6 0 *